¡ Look AND FEEL GREAT

1-

2-

3-

4-

5-

*USE DIFFERENT COLORS

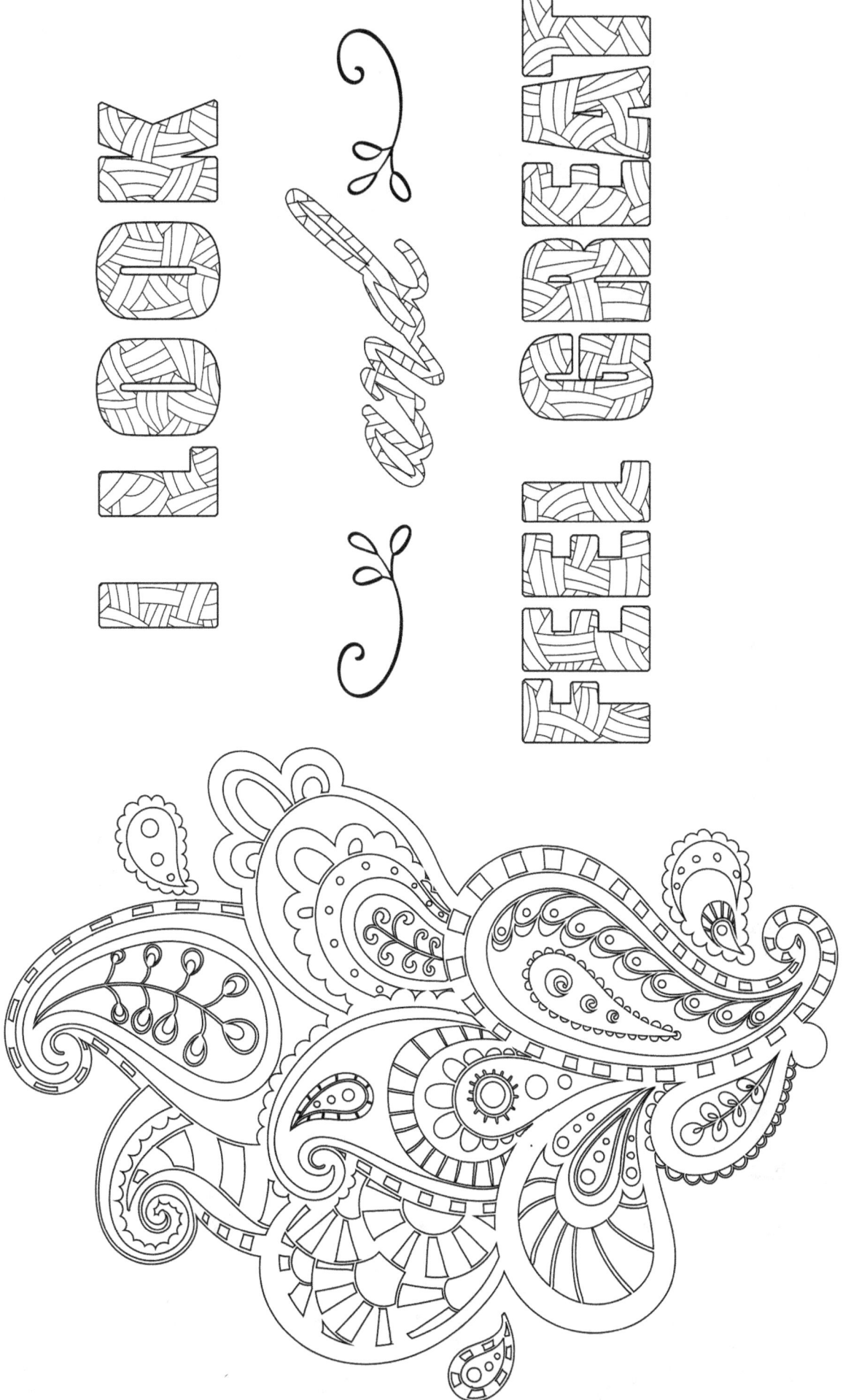

i CAN QUIT SMOKING

1-

2-

3-

4-

5-

*USE DIFFERENT COLORS

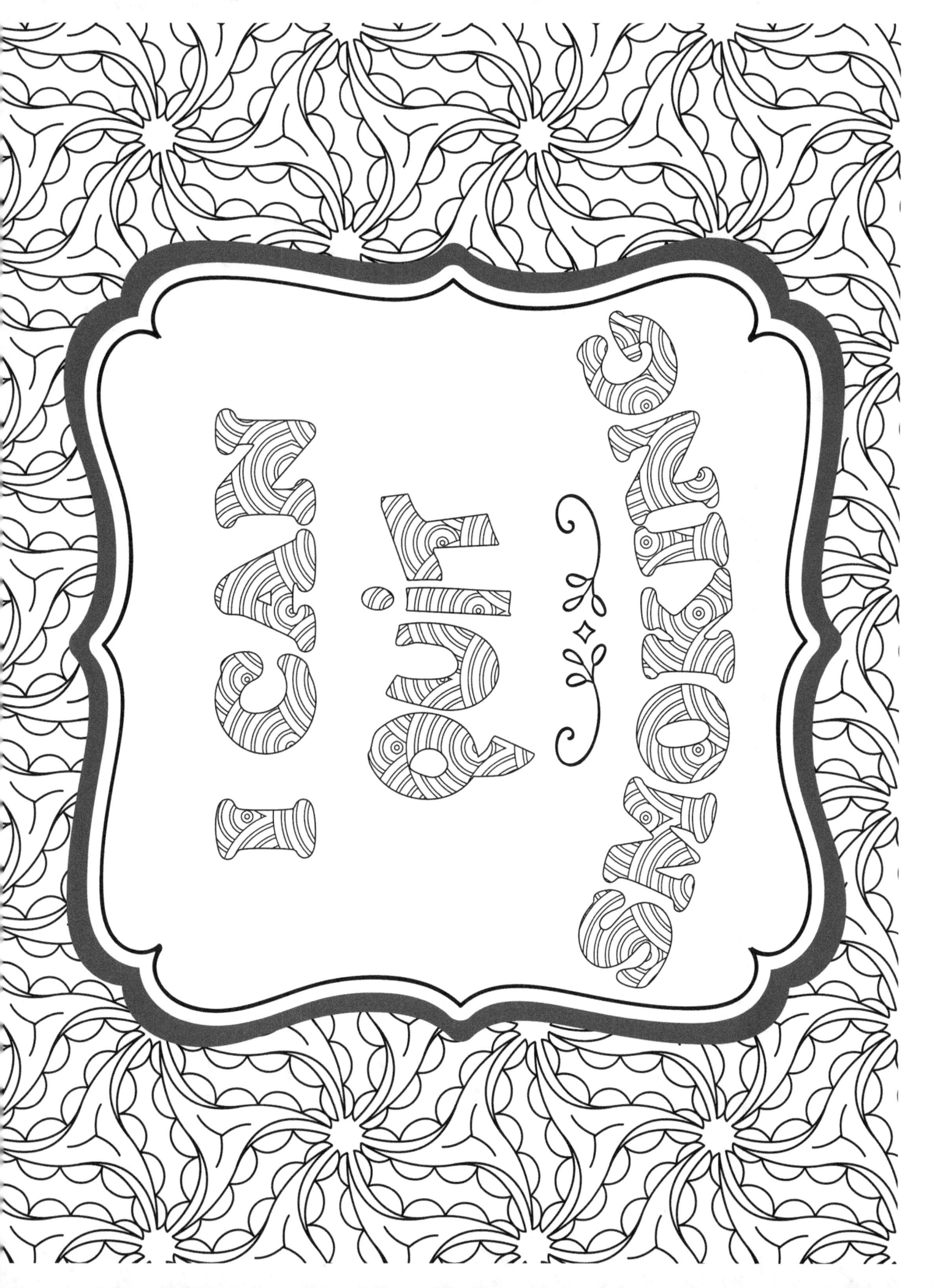

i AM REAdY To SToP SMoKiNG

1-

2-

3-

4-

5-

*USE DIFFERENT COLORS

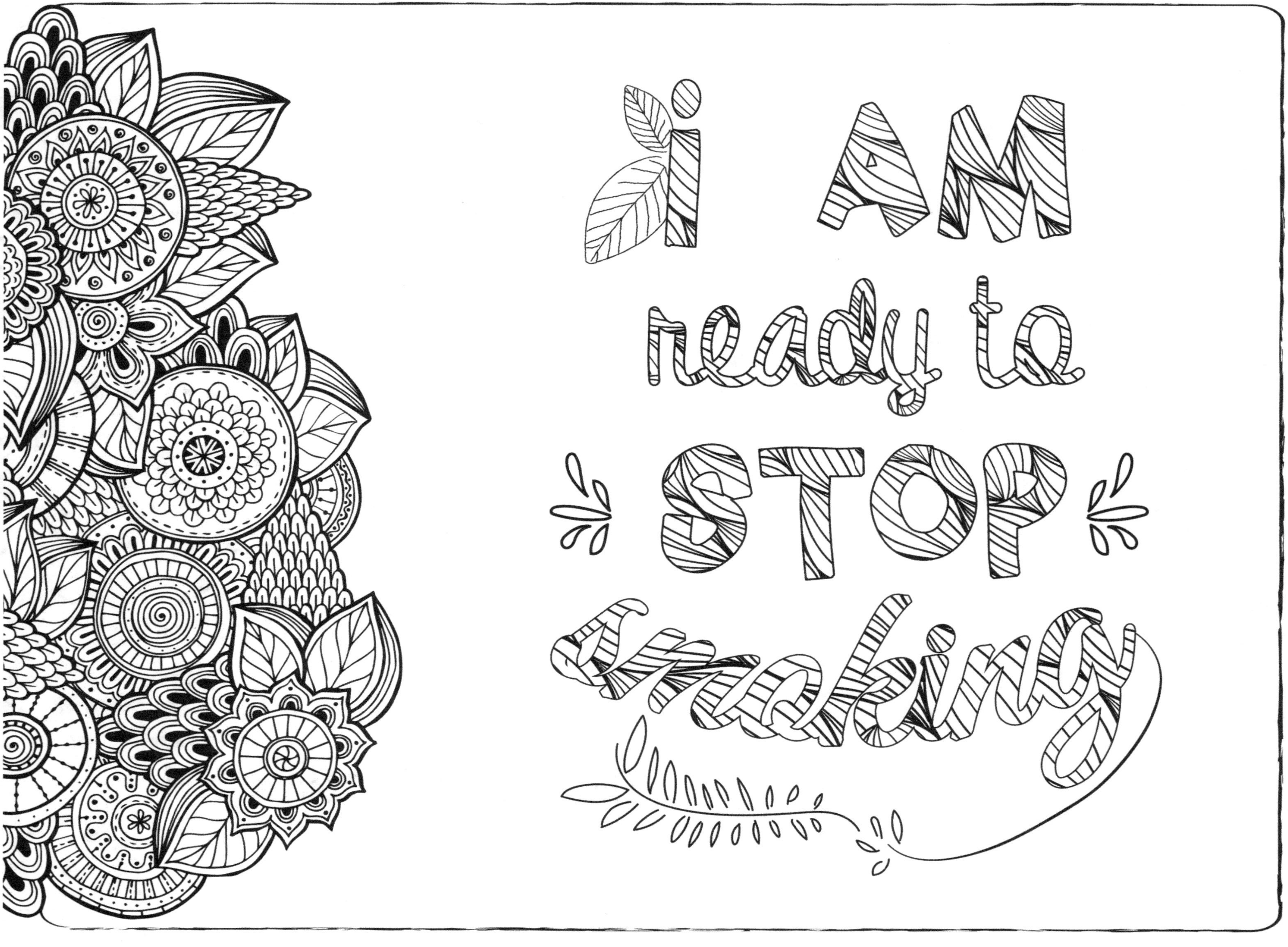

I AM ready to stop drinking

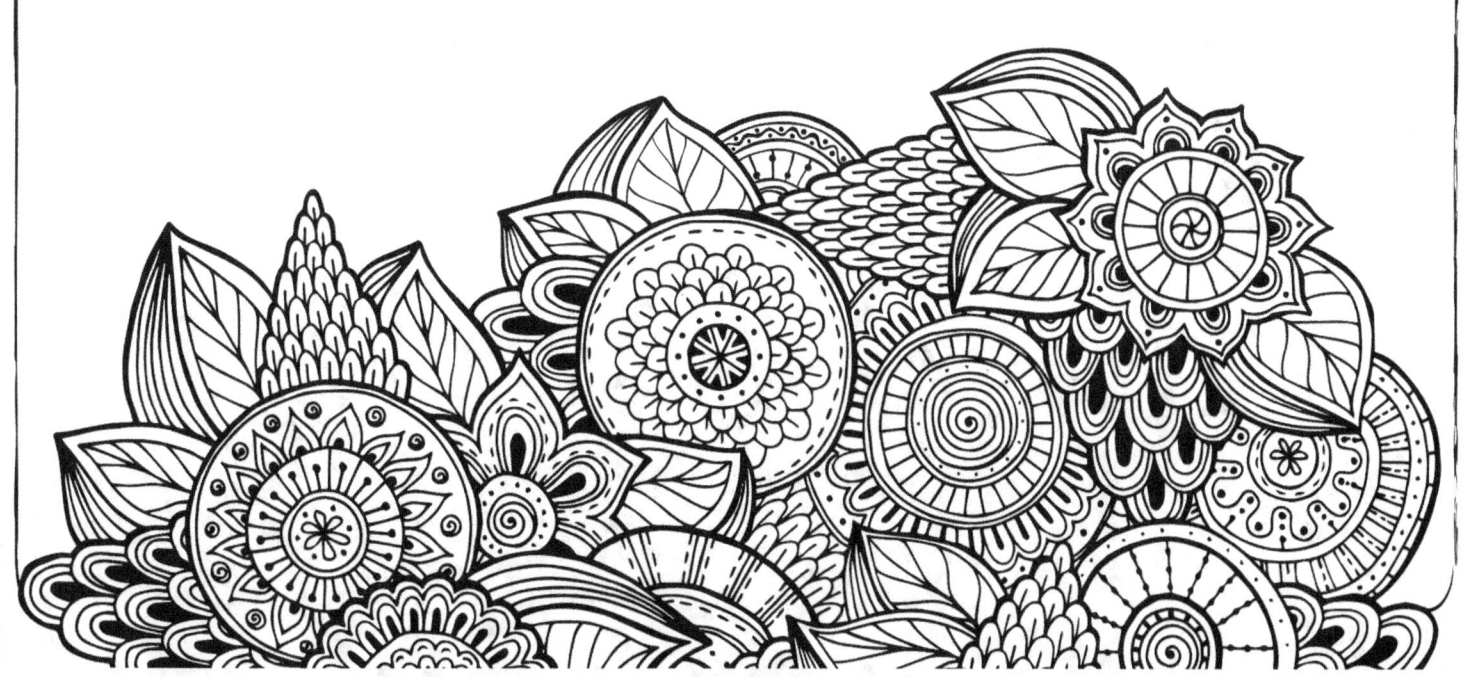

i CoNTRoL MY LiFE

1-

2-

3-

4-

5-

*USE DIFFERENT COLORS

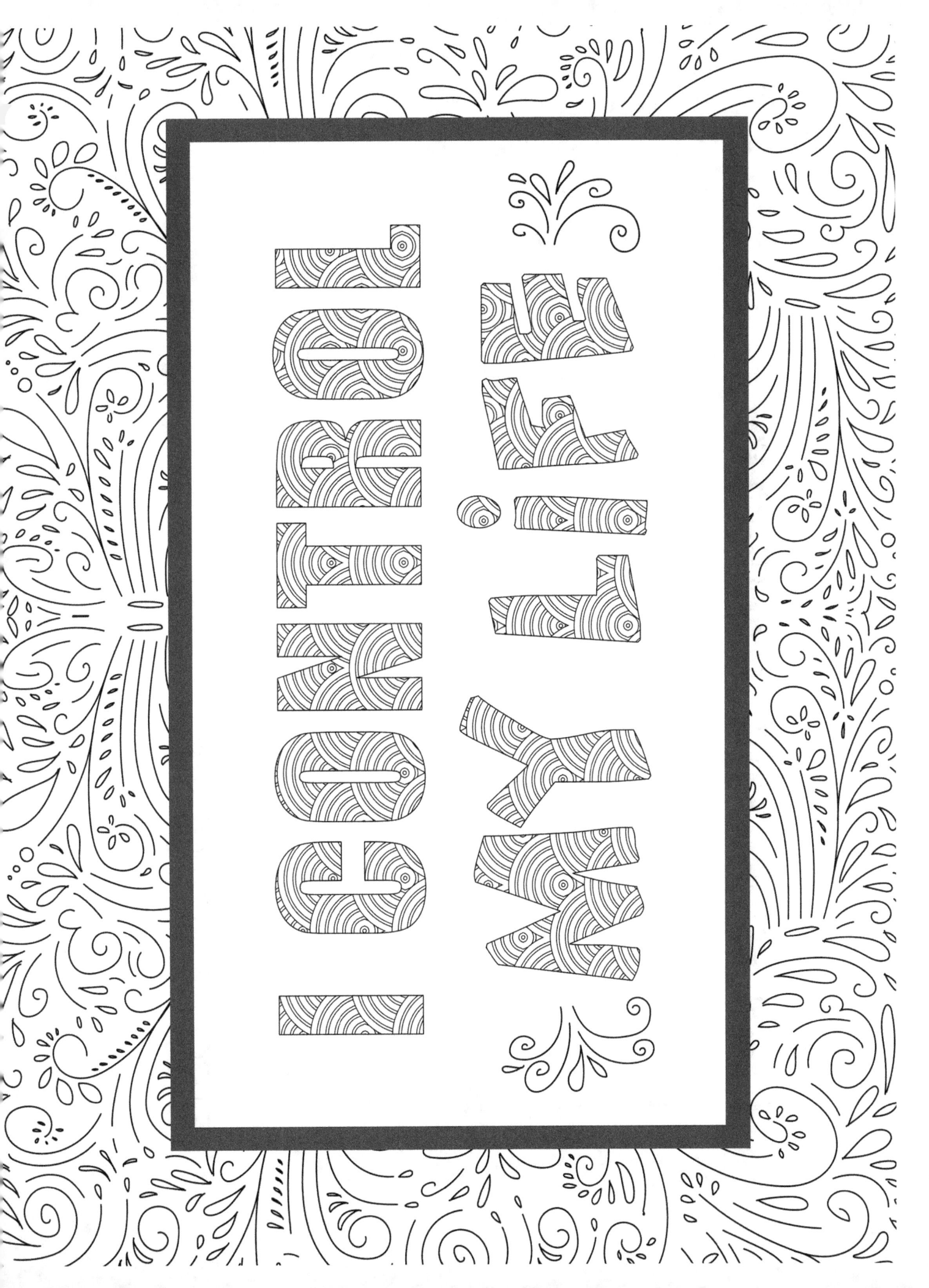

i AM ENERGETIC SMOKE-FREE

1-

2-

3-

4-

5-

*USE DIFFERENT COLORS

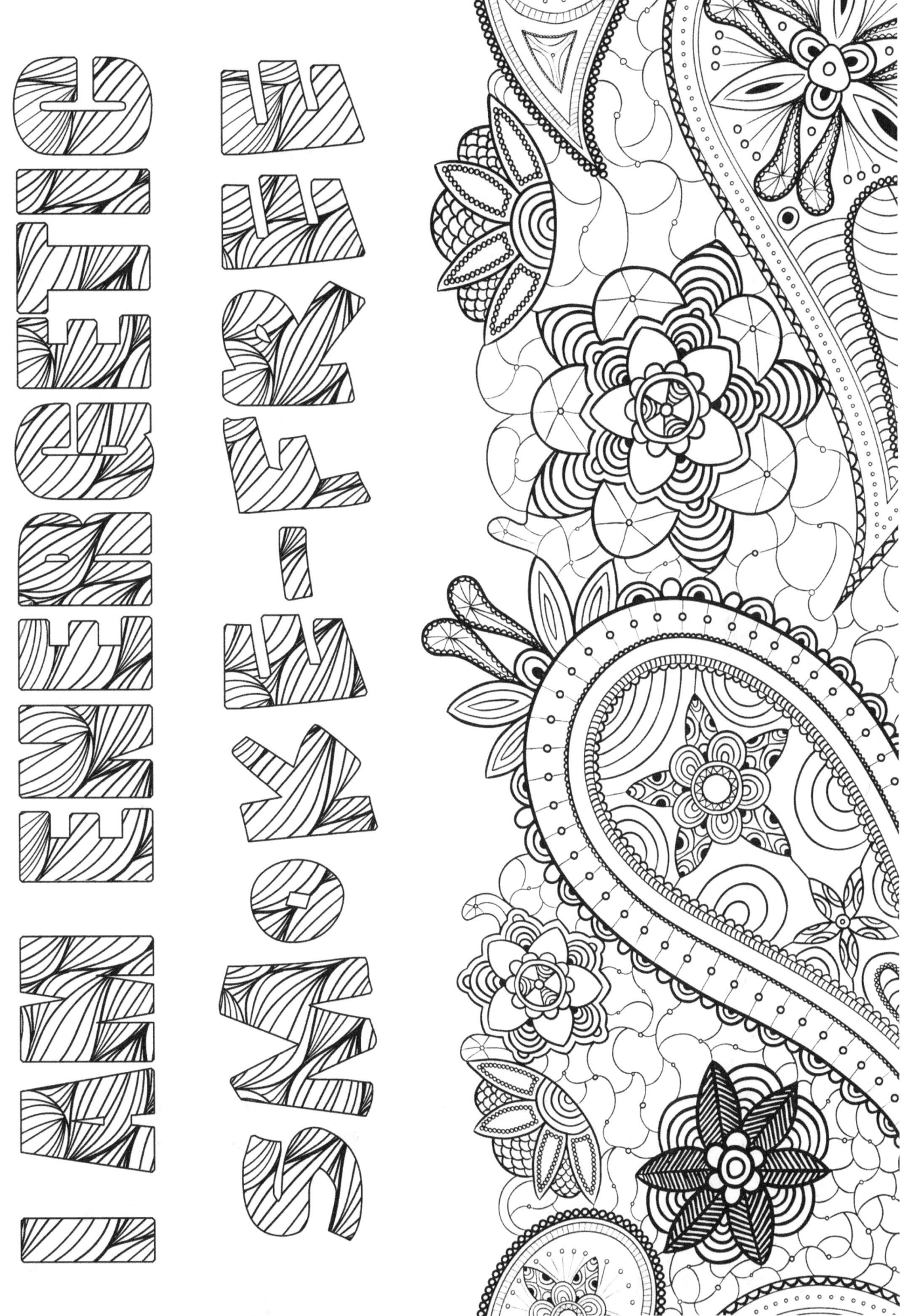

I AM ENERGETIC

I AM A NON-SMOKER

i AM FREE FRoM CiGARETTES

1-

2-

3-

4-

5-

*USE DIFFERENT COLORS

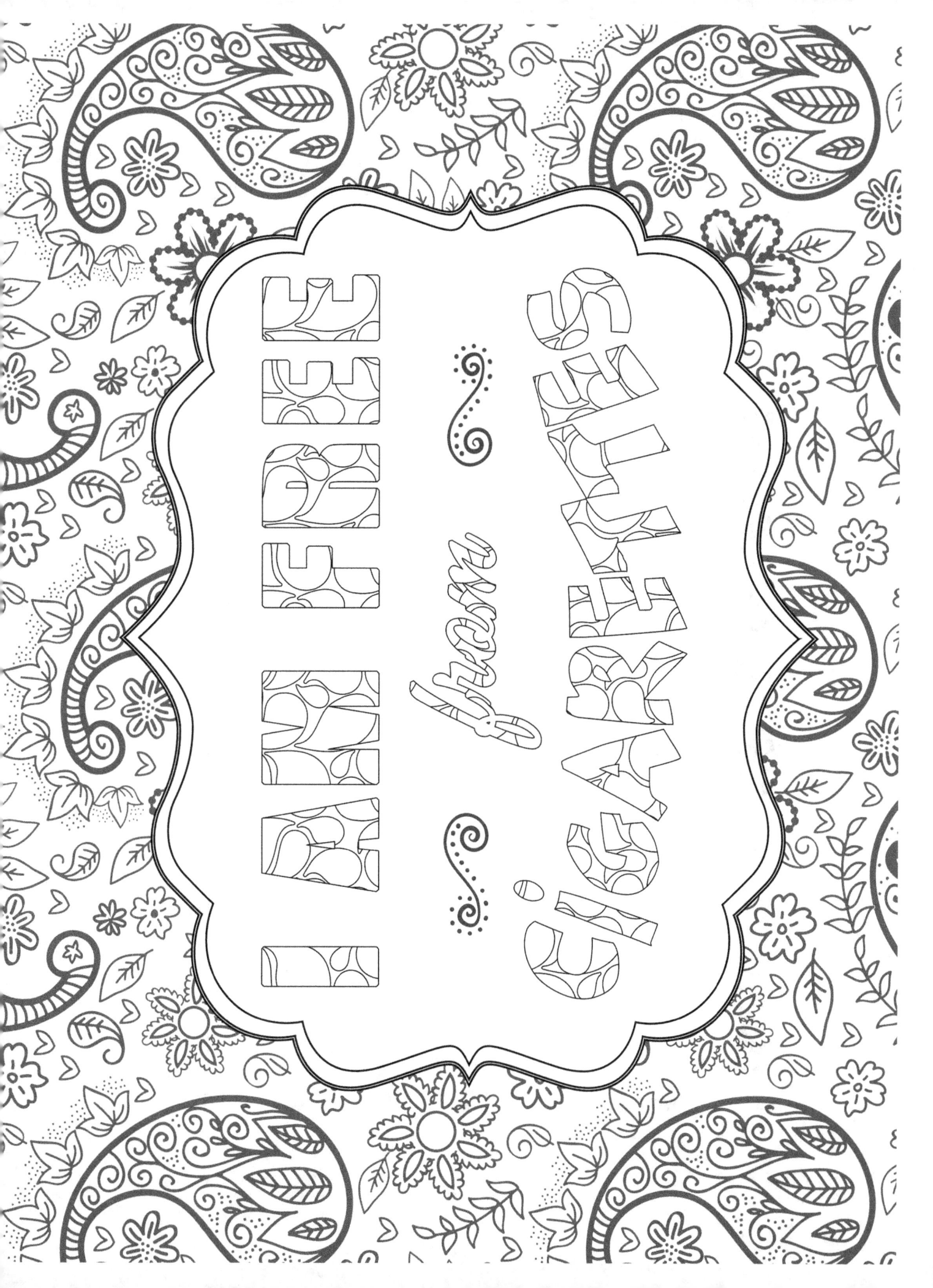

¡ HATE THE SMELL OF SMOKE

1-

2-

3-

4-

5-

*USE DIFFERENT COLORS

I HATE THE SMELL OF SMOKE ON YOU

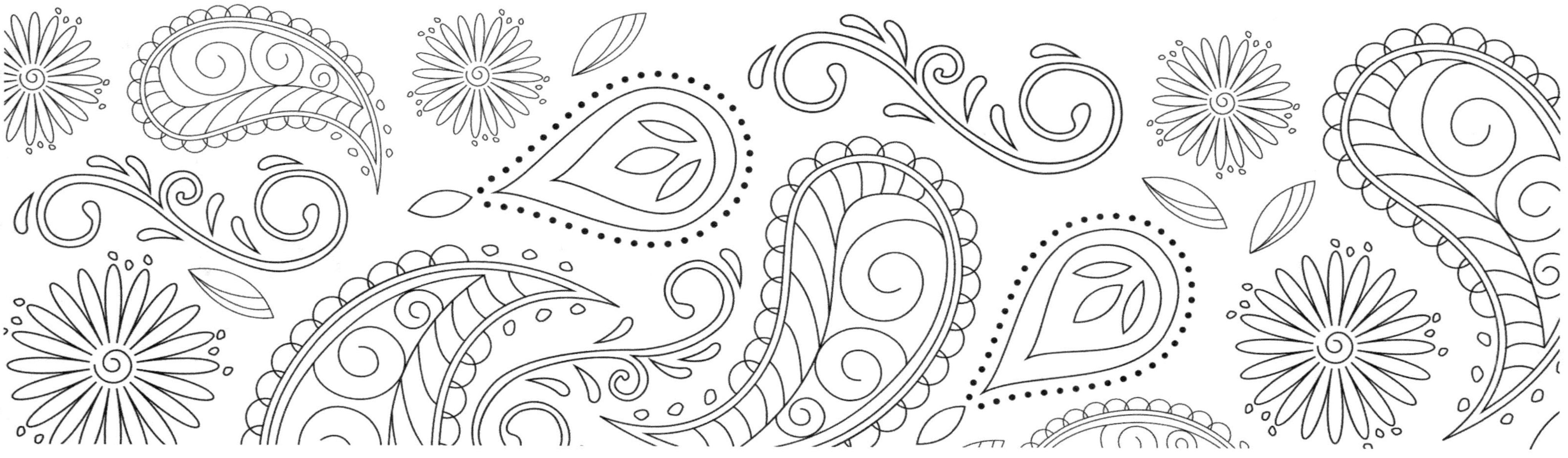

i AM iN CoNTRoL

1-

2-

3-

4-

5-

*USE DIFFERENT COLORS

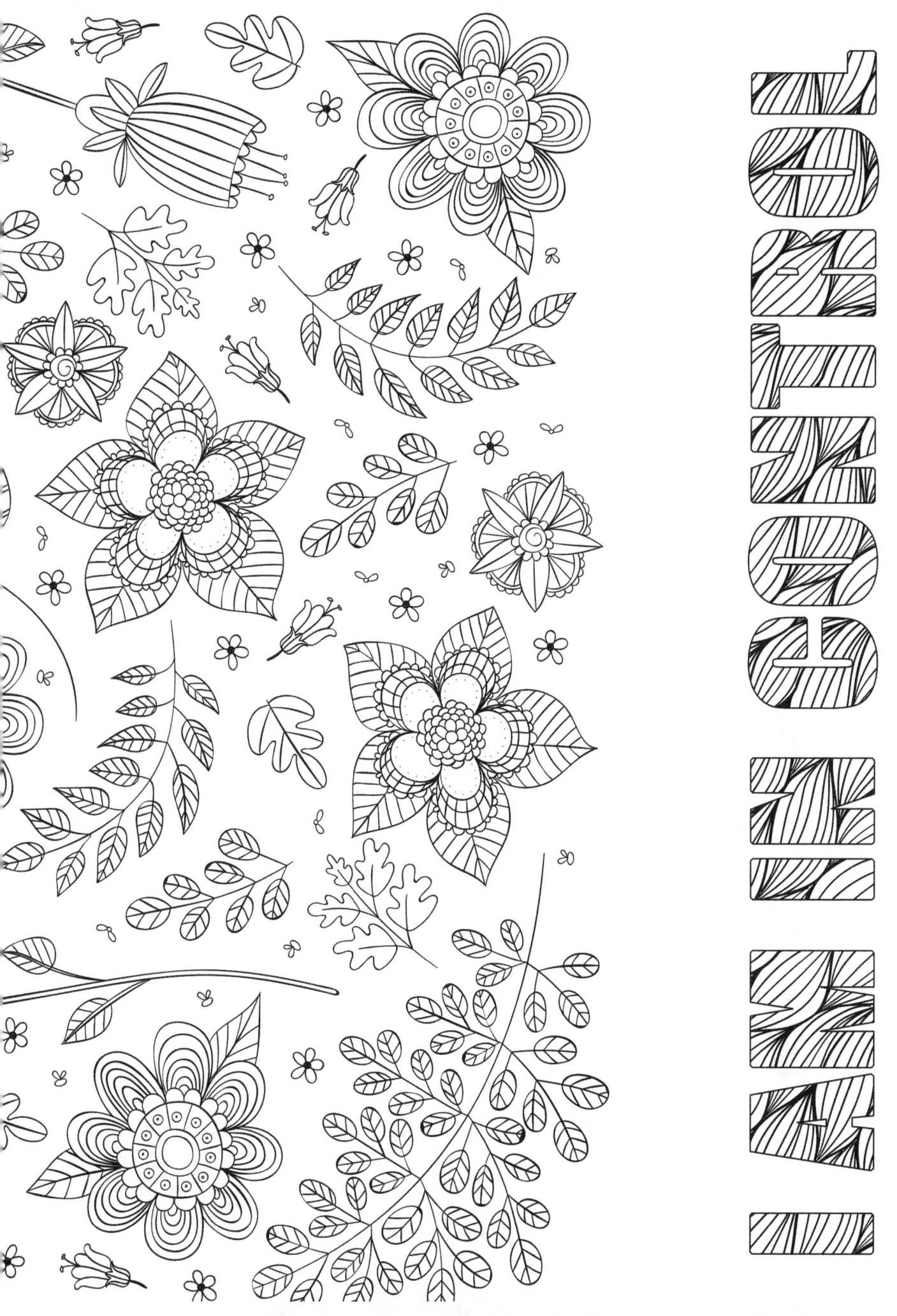

i HATE THE TASTE OF SMOKE

1-

2-

3-

4-

5-

*USE DIFFERENT COLORS

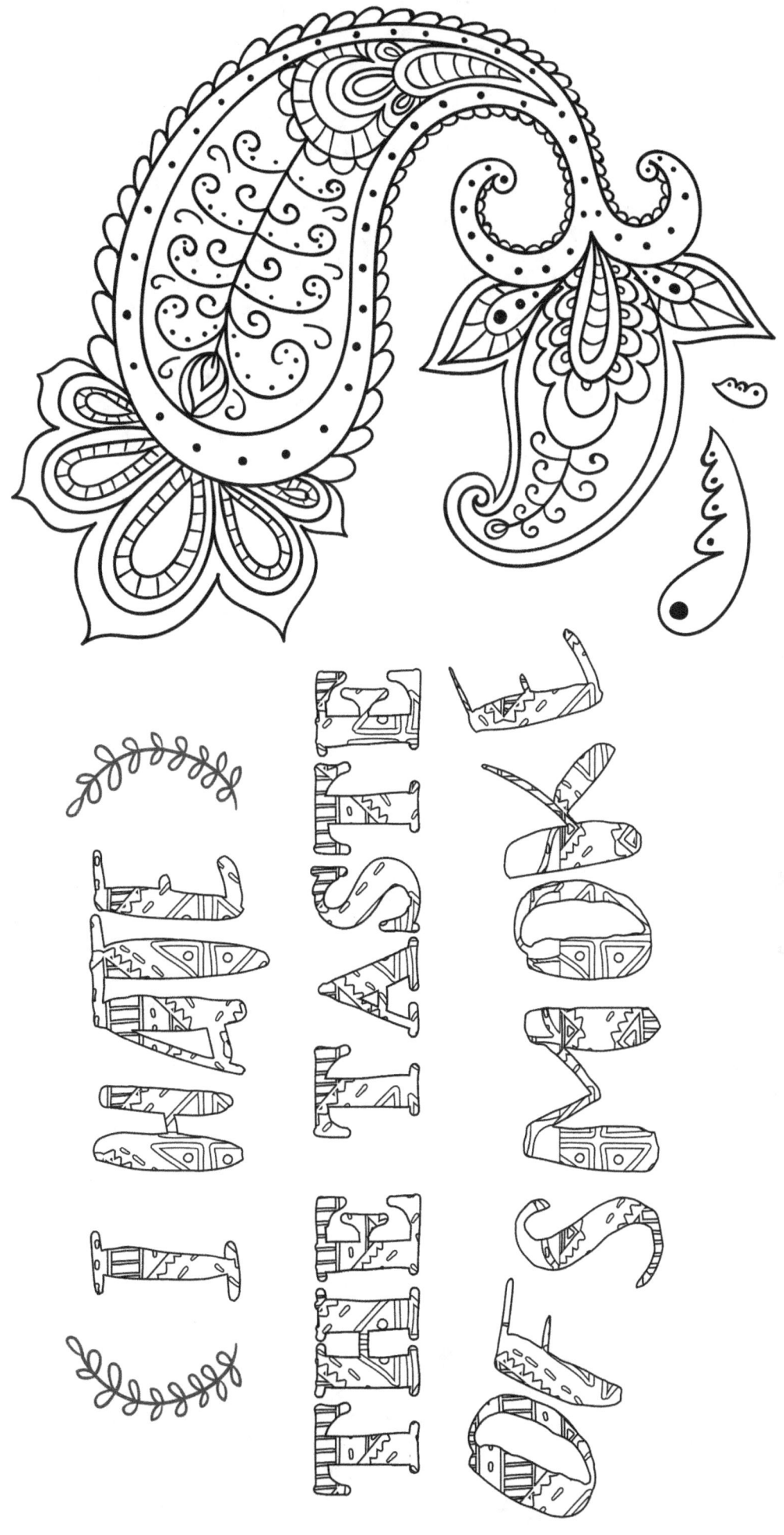

I HATE IT WHEN I TASTE THEM TASTY YUMMY SHROOMS OF

i AM oKAY To QUiT SMoKiNG

1-

2-

3-

4-

5-

*USE DIFFERENT COLORS

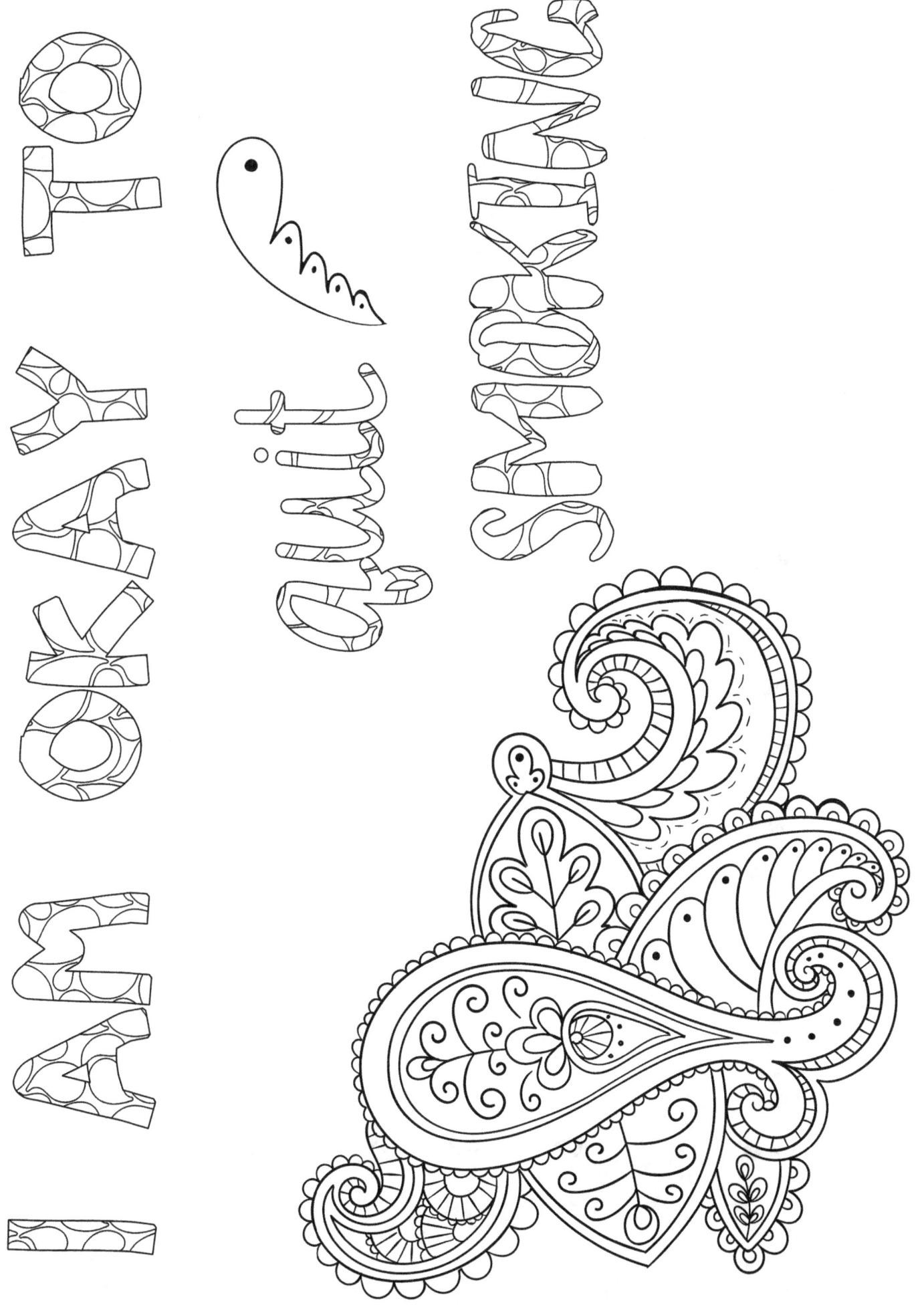

I AM OKAY TO... quit smoking

i LoVE HEALTHY HABiTS

1-

2-

3-

4-

5-

*USE DIFFERENT COLORS

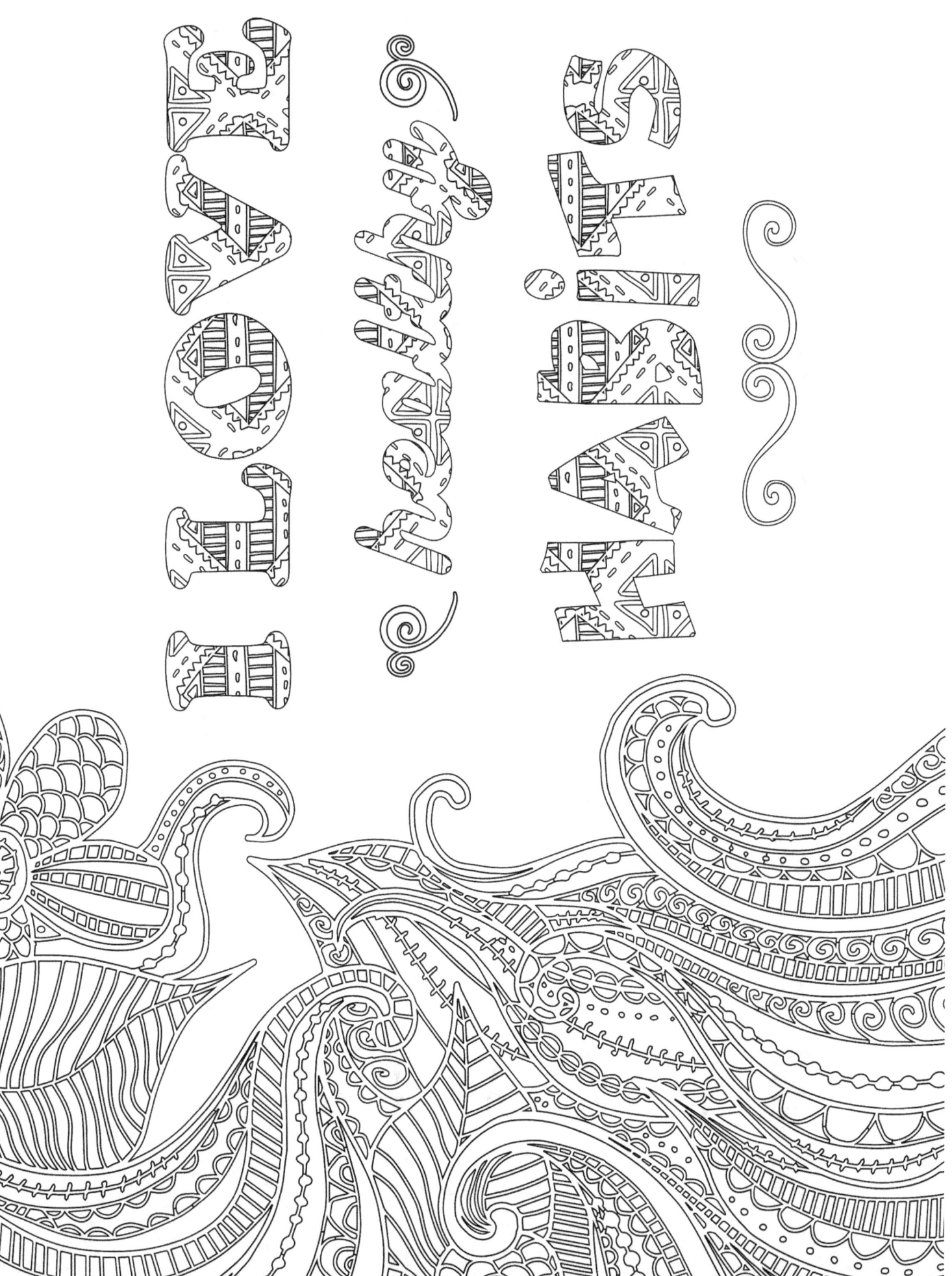

MY CRAVINGS ARE FOR FRESH AIR

1-

2-

3-

4-

5-

*USE DIFFERENT COLORS

MY CRAVINGS ARE FOR FRESH AIR

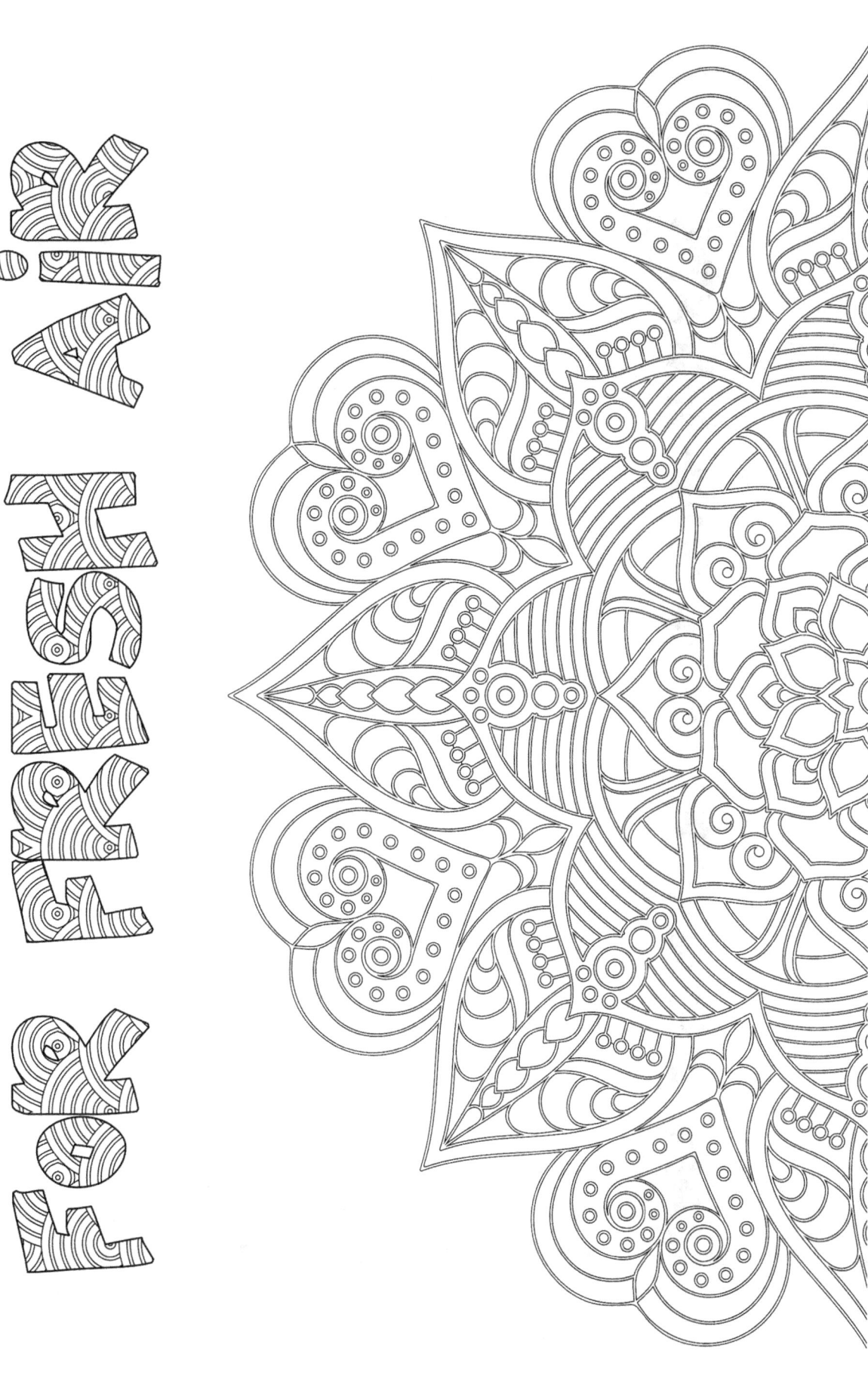

¡ AM STRONGER AS A NON-SMOKER

1-

2-

3-

4-

5-

*USE DIFFERENT COLORS

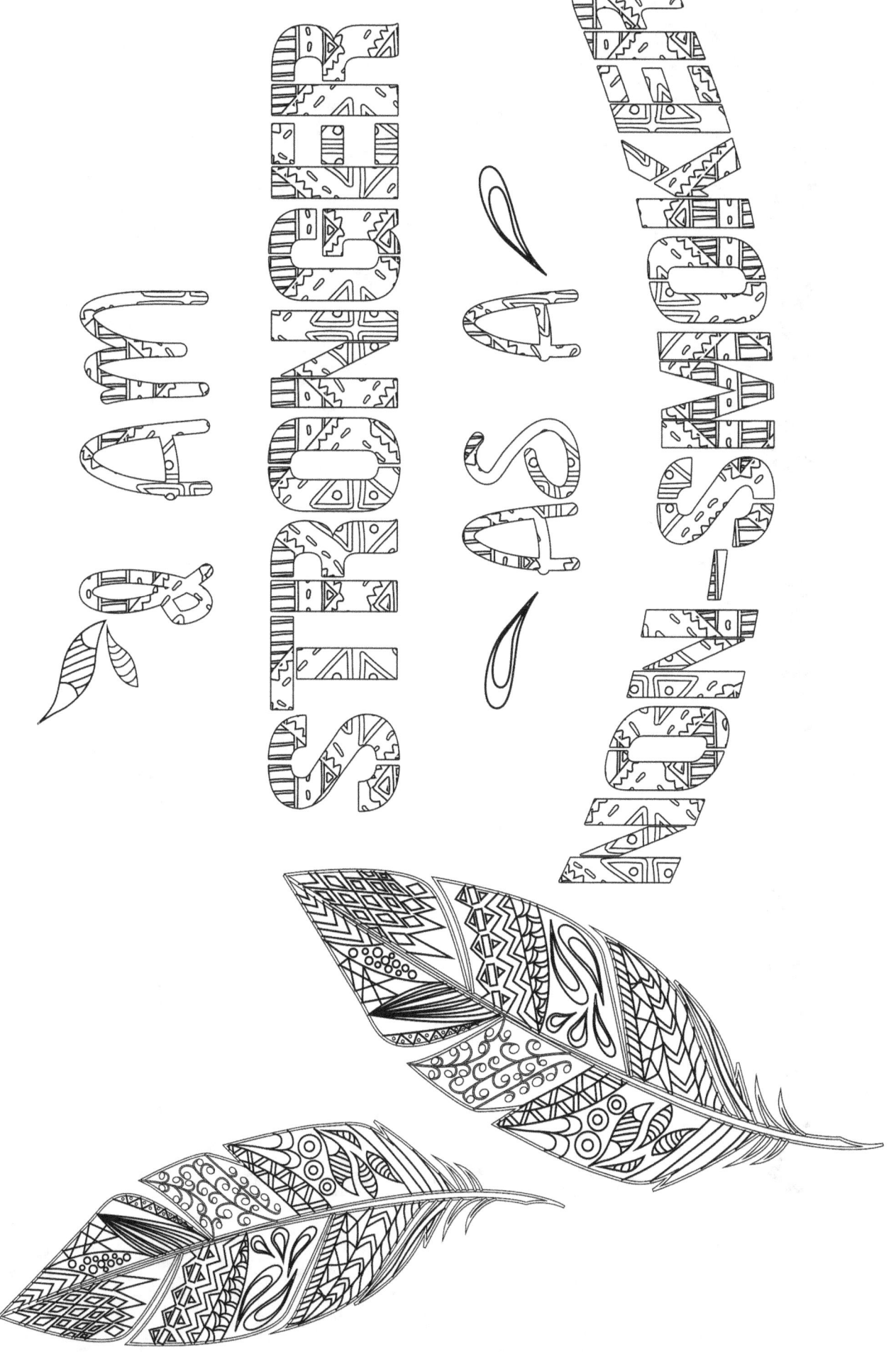

I AM STRONG AS A STRONG-WILLED WARRIOR

MY BODY IS CLEANSED AND PURIFIED

1-

2-

3-

4-

5-

*USE DIFFERENT COLORS

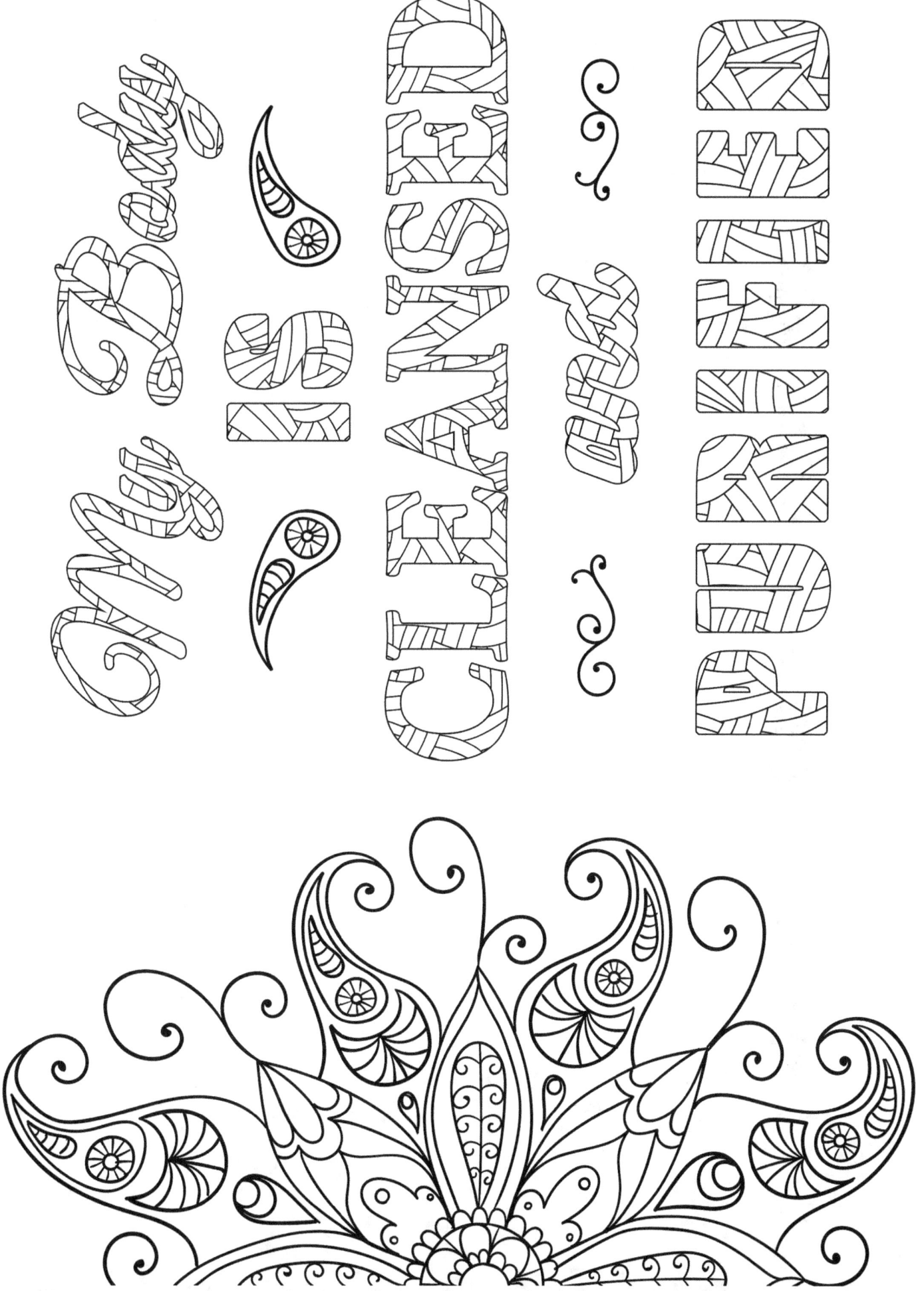

My Body is Cleansed and Purified

i CHOOSE To BREATHE FRESH AiR

1-

2-

3-

4-

5-

*USE DIFFERENT COLORS

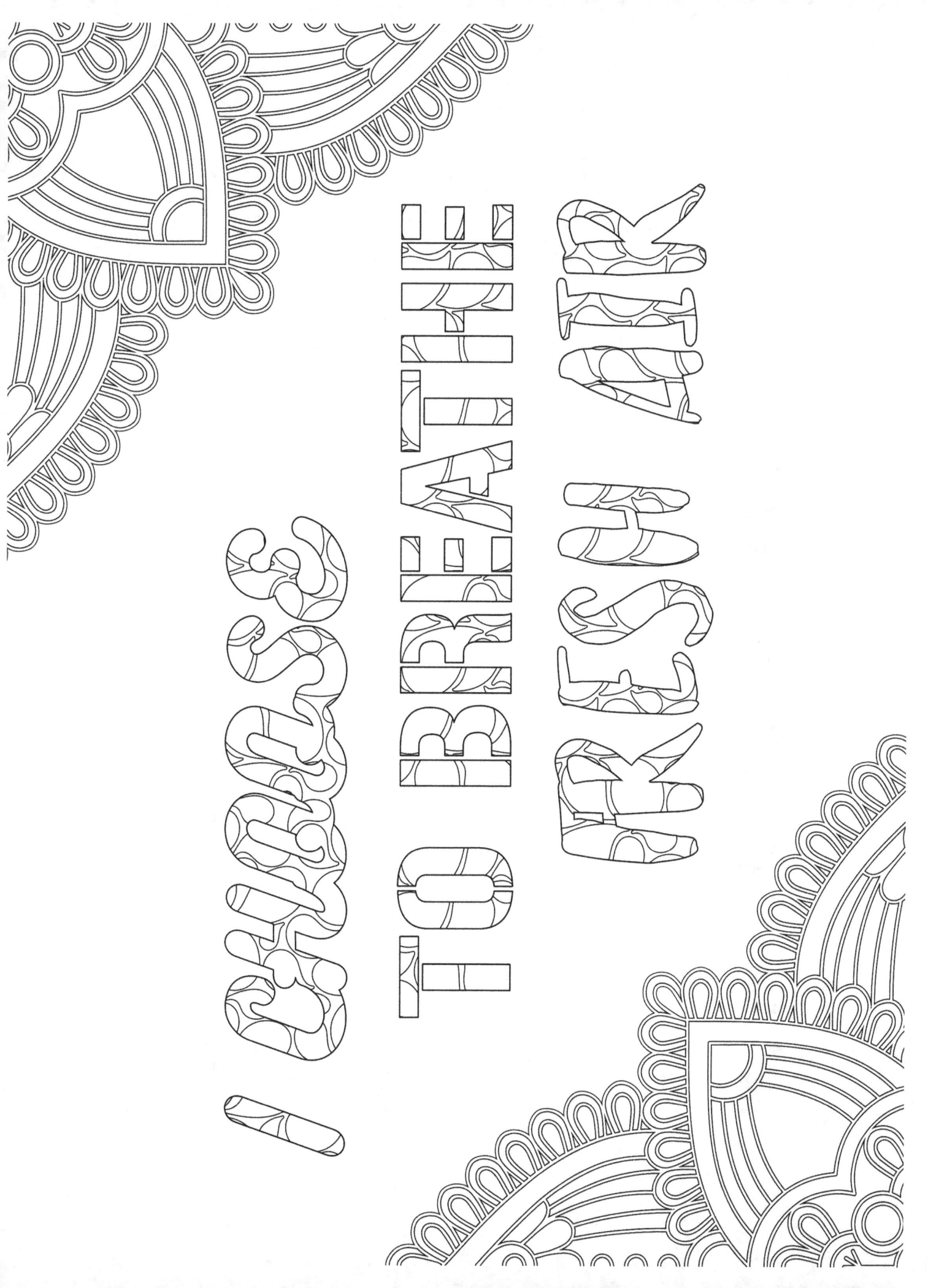

I CHOOSE TO BREATHE THE FRESH AIR

MY BODY IS FREE OF TOXINS

1-

2-

3-

4-

5-

*USE DIFFERENT COLORS

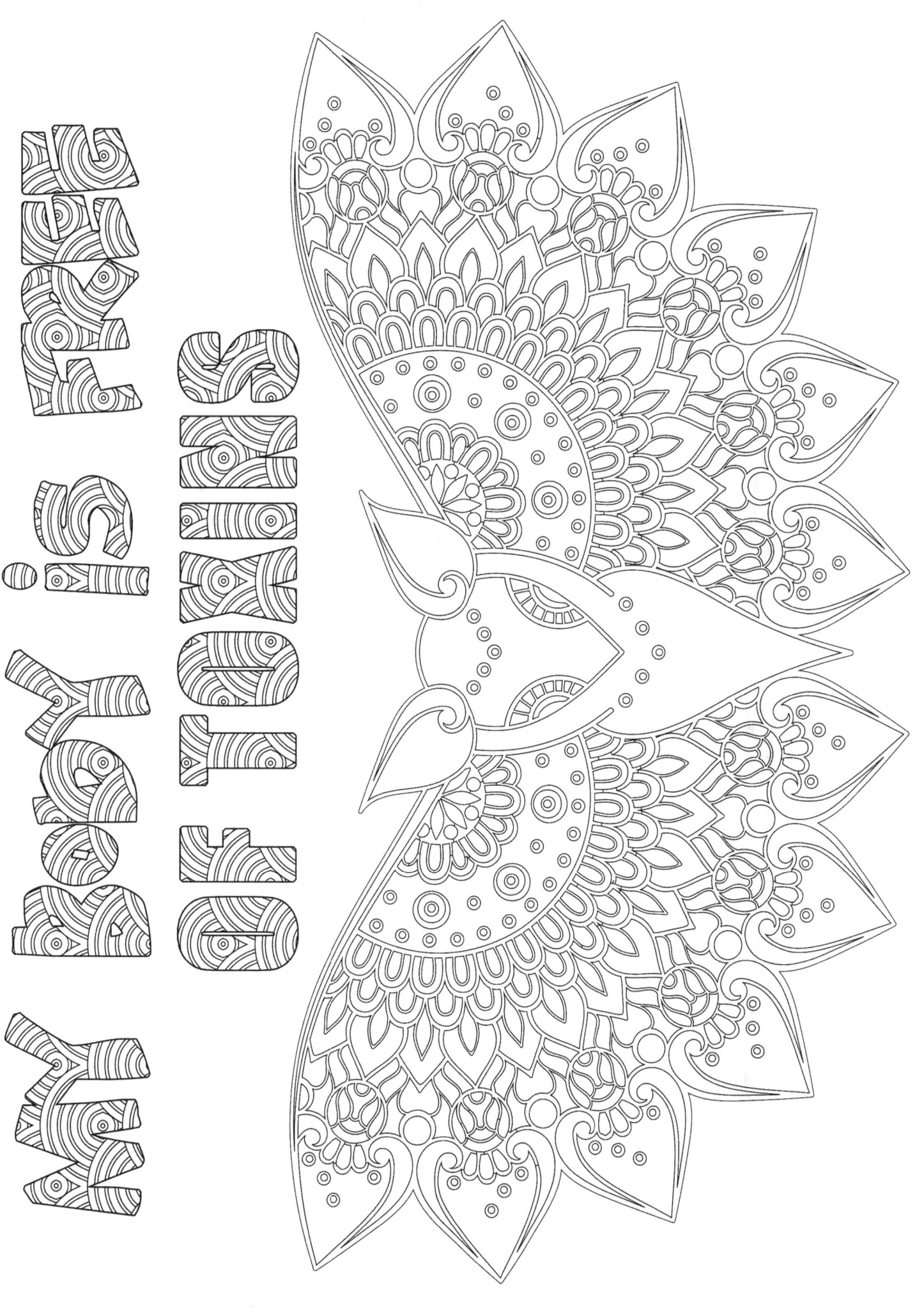

MY BODY IS A SHRINE FREE OF TOXINS

¡ LiVE LONGER SMoKE-FREE

1-

2-

3-

4-

5-

*USE DIFFERENT COLORS

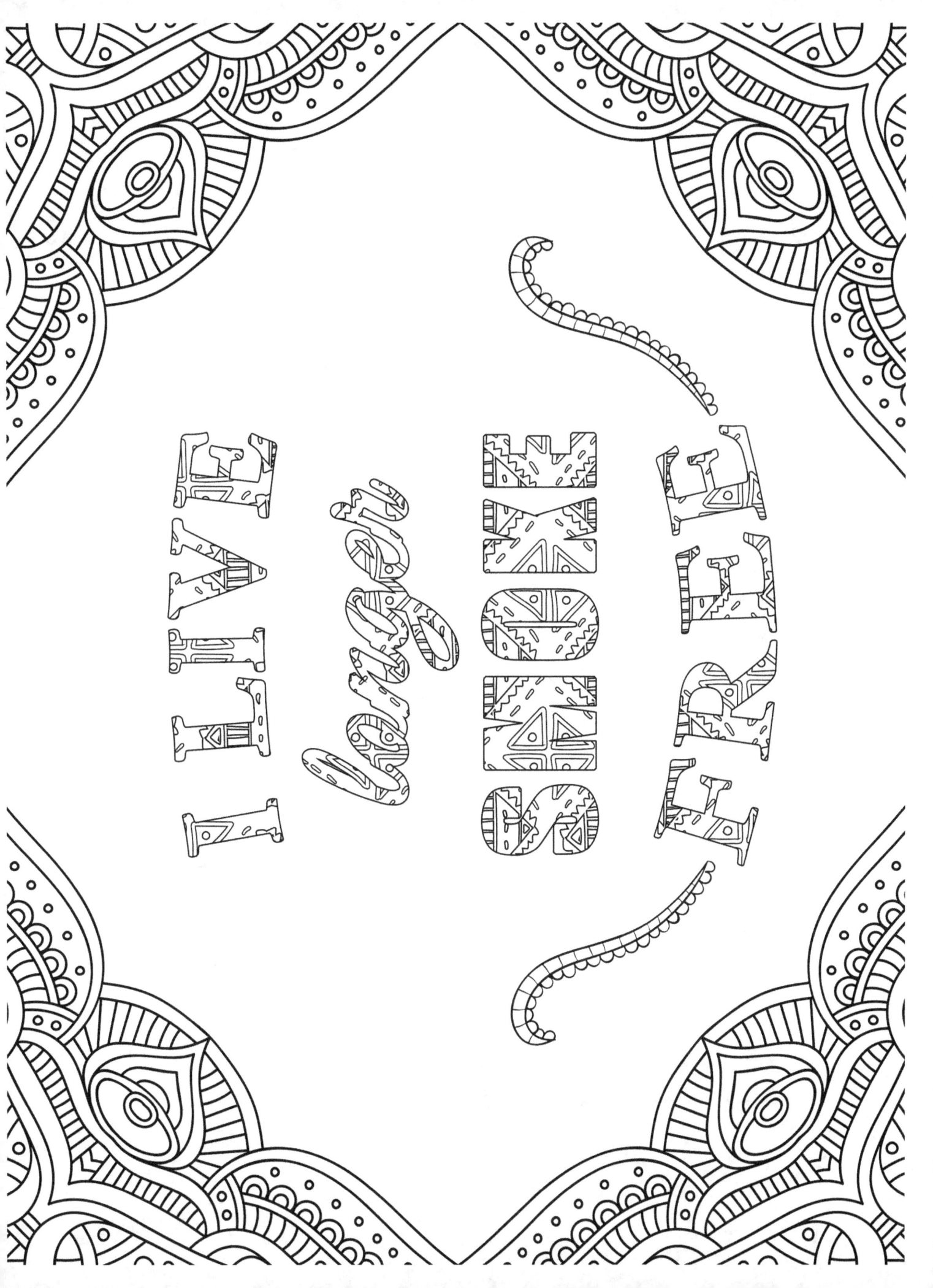

i LOVE BEiNG SMoKE-FREE

1-

2-

3-

4-

5-

*USE DIFFERENT COLORS

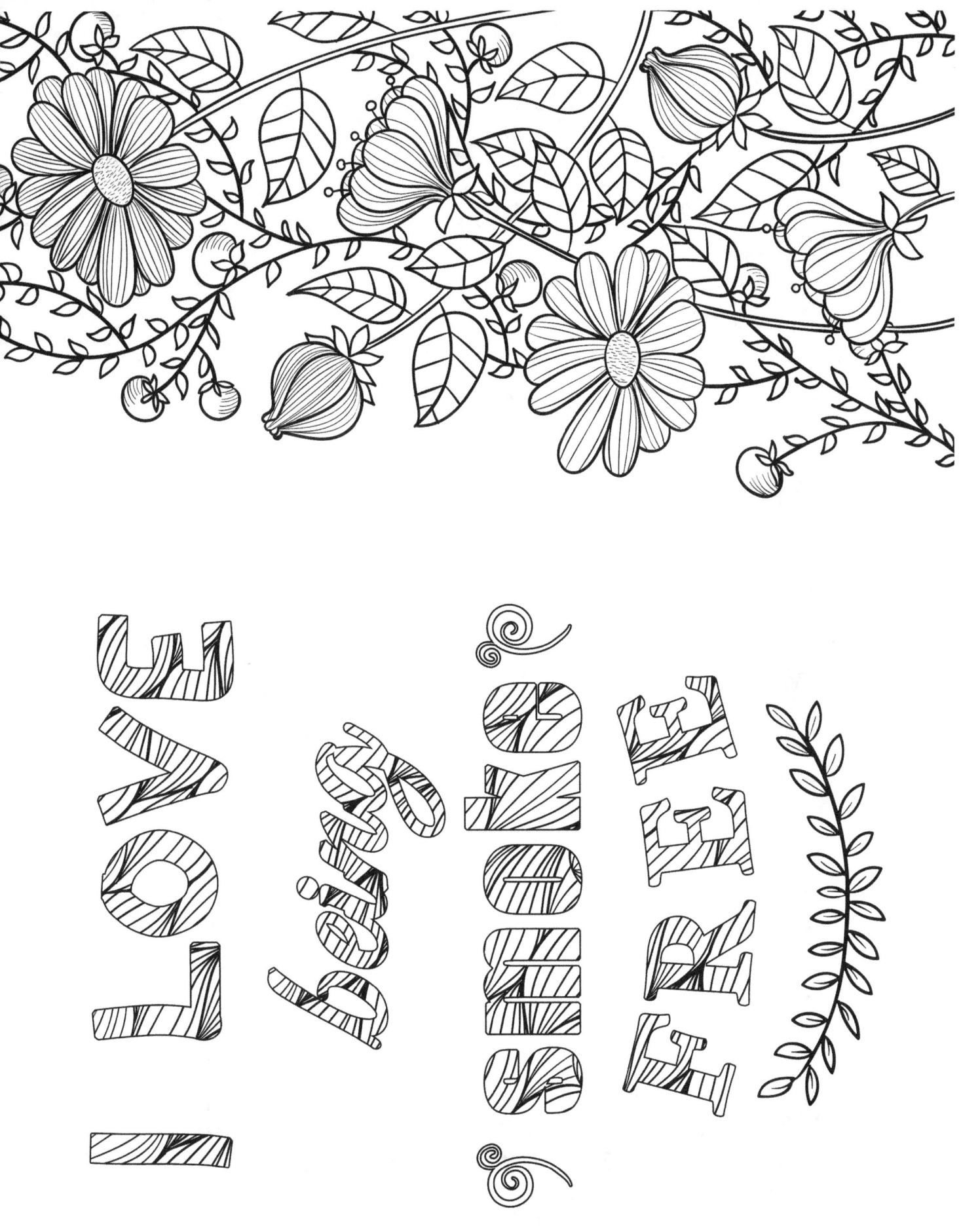

I LOVE I bring a store here

¡ ENJOY BEING FREE OF SMOKE

1-

2-

3-

4-

5-

*USE DIFFERENT COLORS

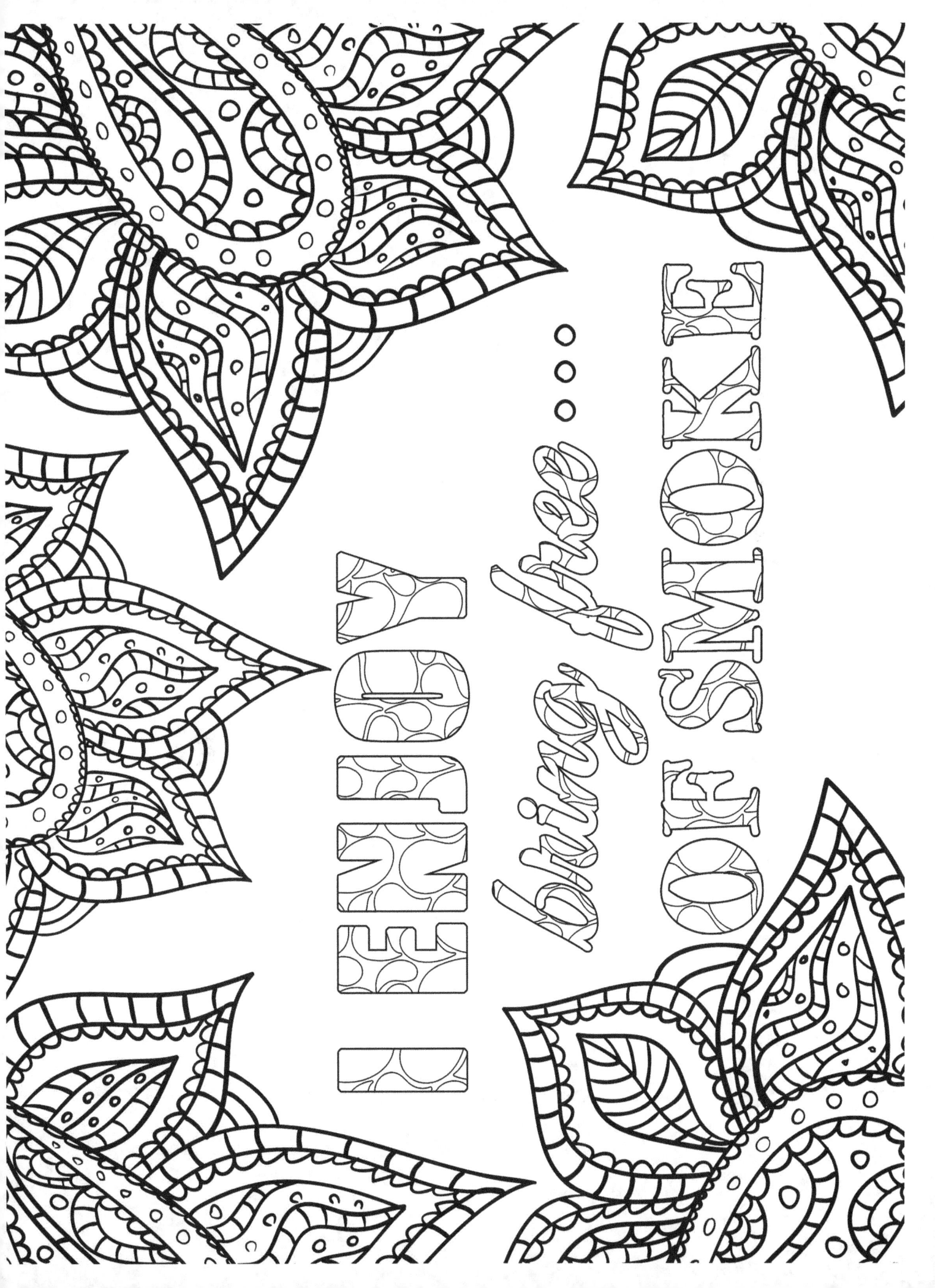

BEiNG A NoN-SMoKER iS GooD

1-

2-

3-

4-

5-

*USE DIFFERENT COLORS

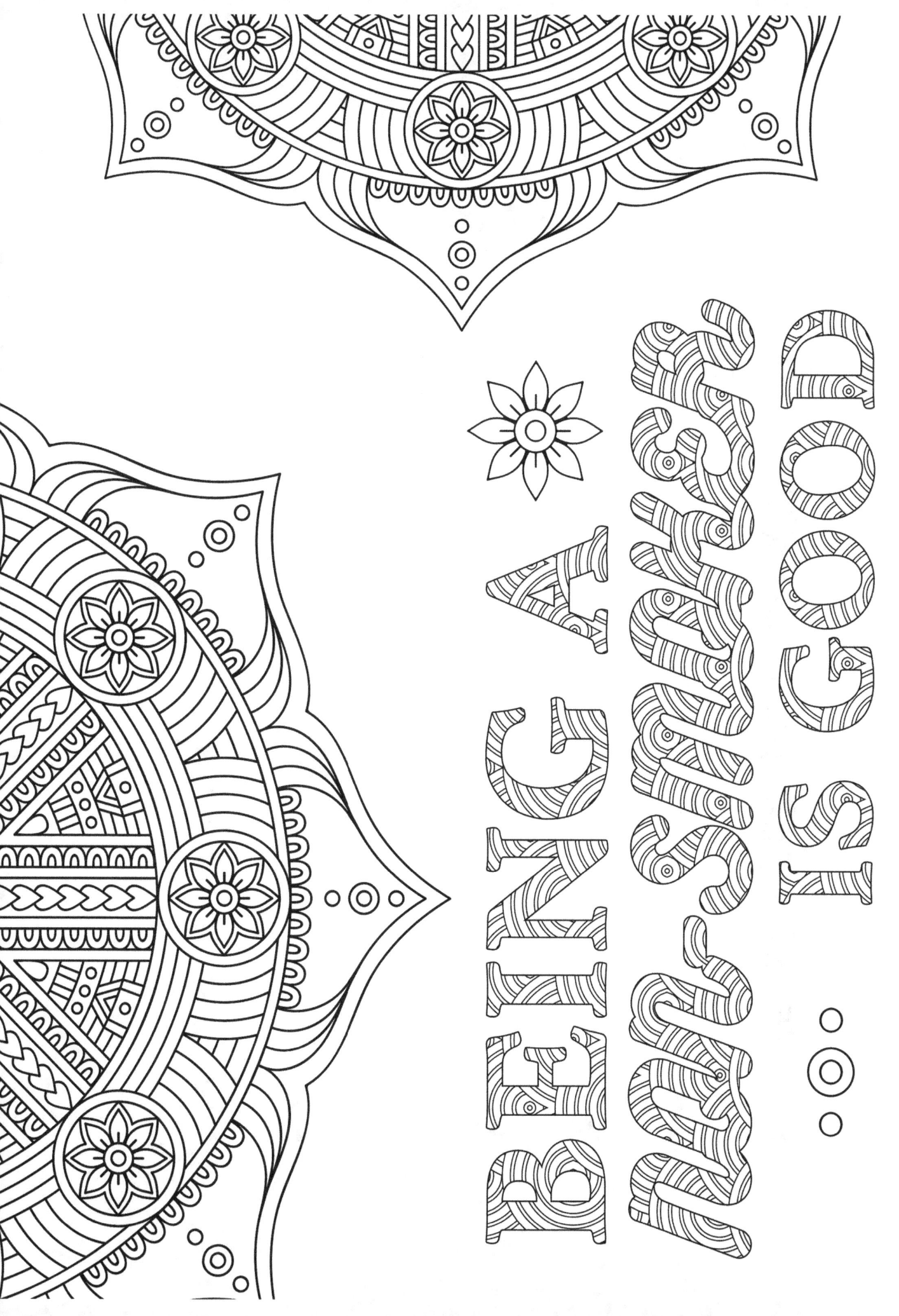

BEING A NURSE IS GOOD FOR THE SOUL

¡ LIVE BETTER SMOKE-FREE

1-

2-

3-

4-

5-

*USE DIFFERENT COLORS

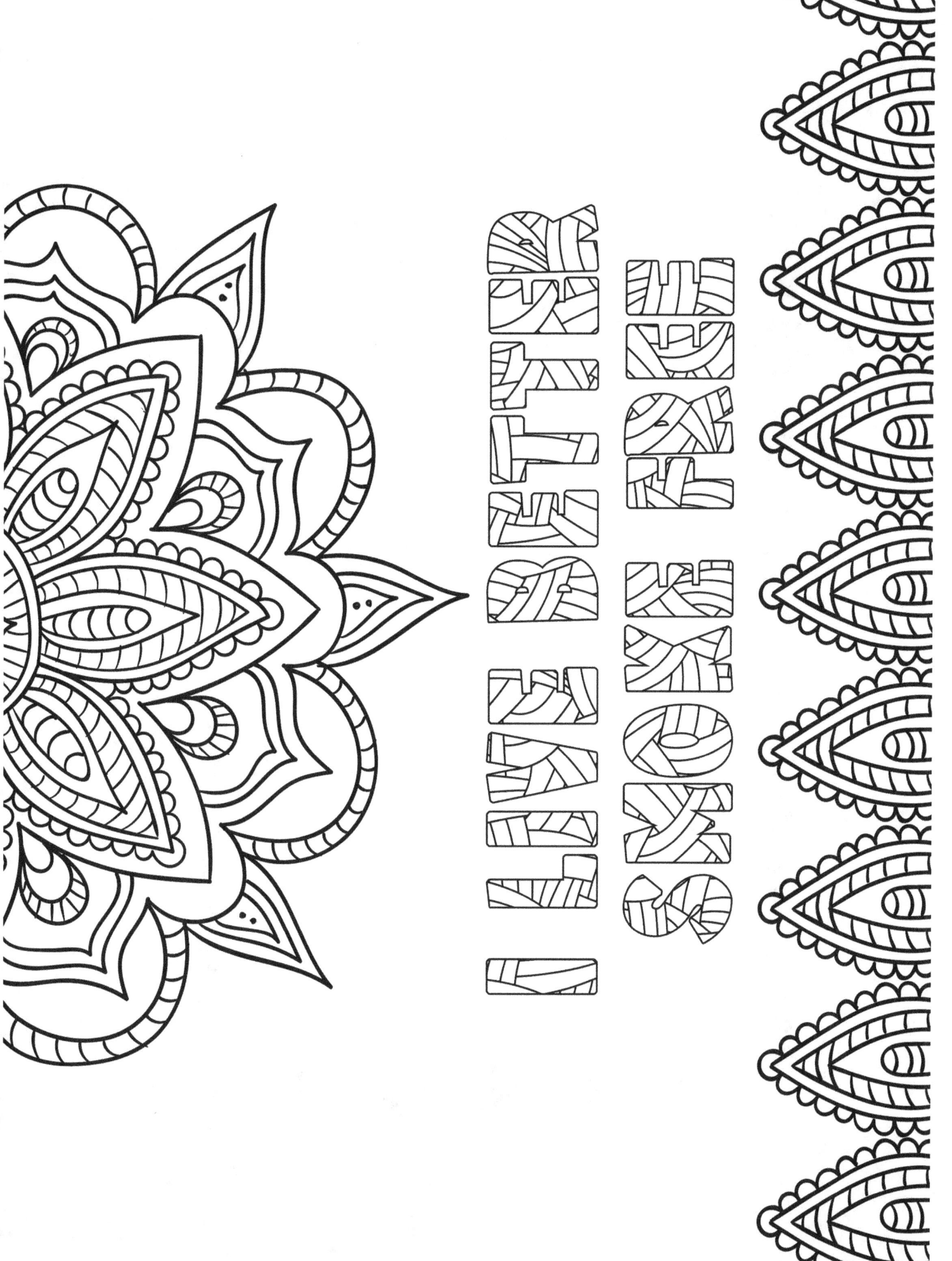

i AM NoW ANd FoREVER SMoKE-FREE

1-

2-

3-

4-

5-

*USE DIFFERENT COLORS

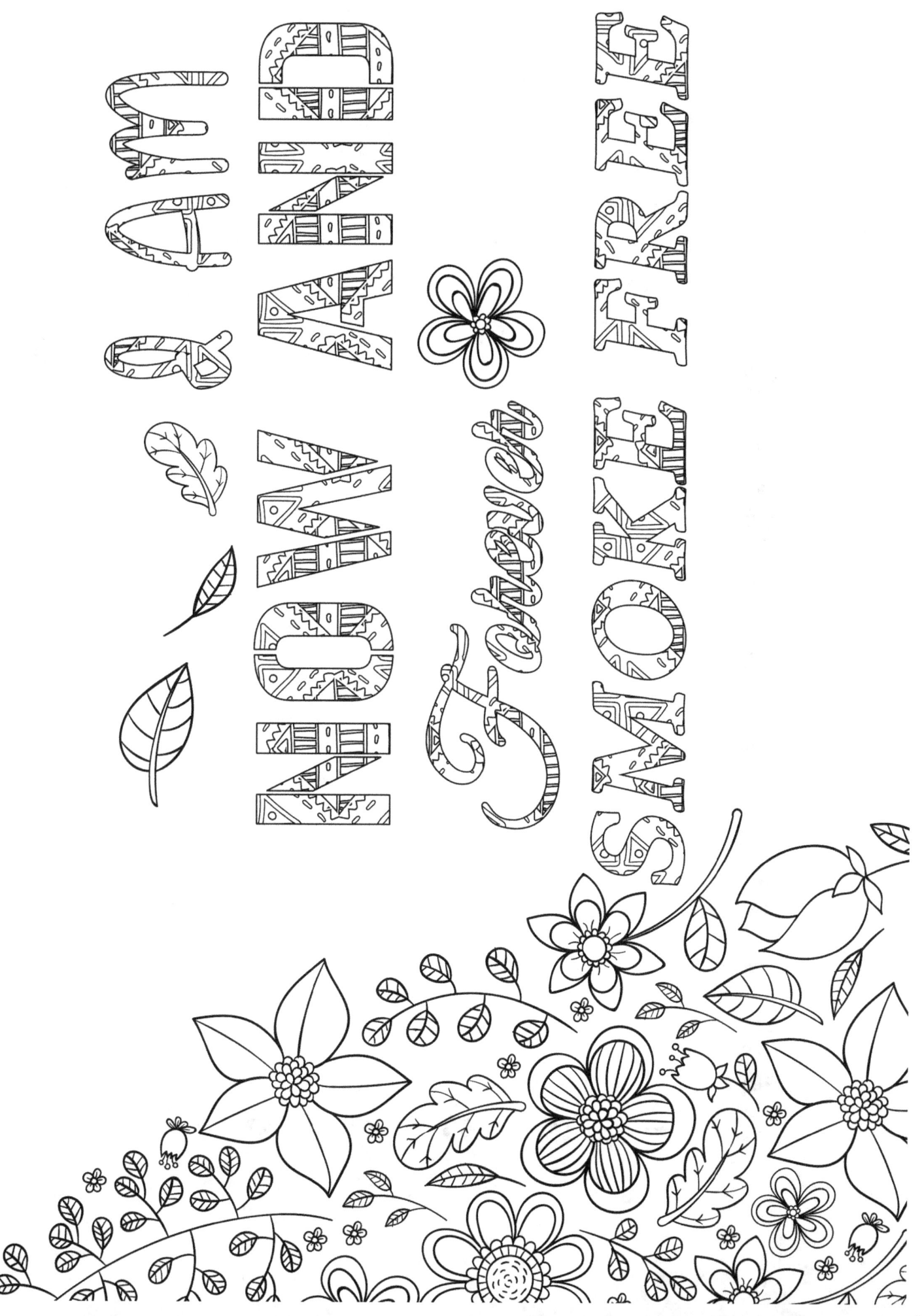

¡ AM A RELAXEd NoN-SMokER

1-

2-

3-

4-

5-

*USE DIFFERENT COLORS

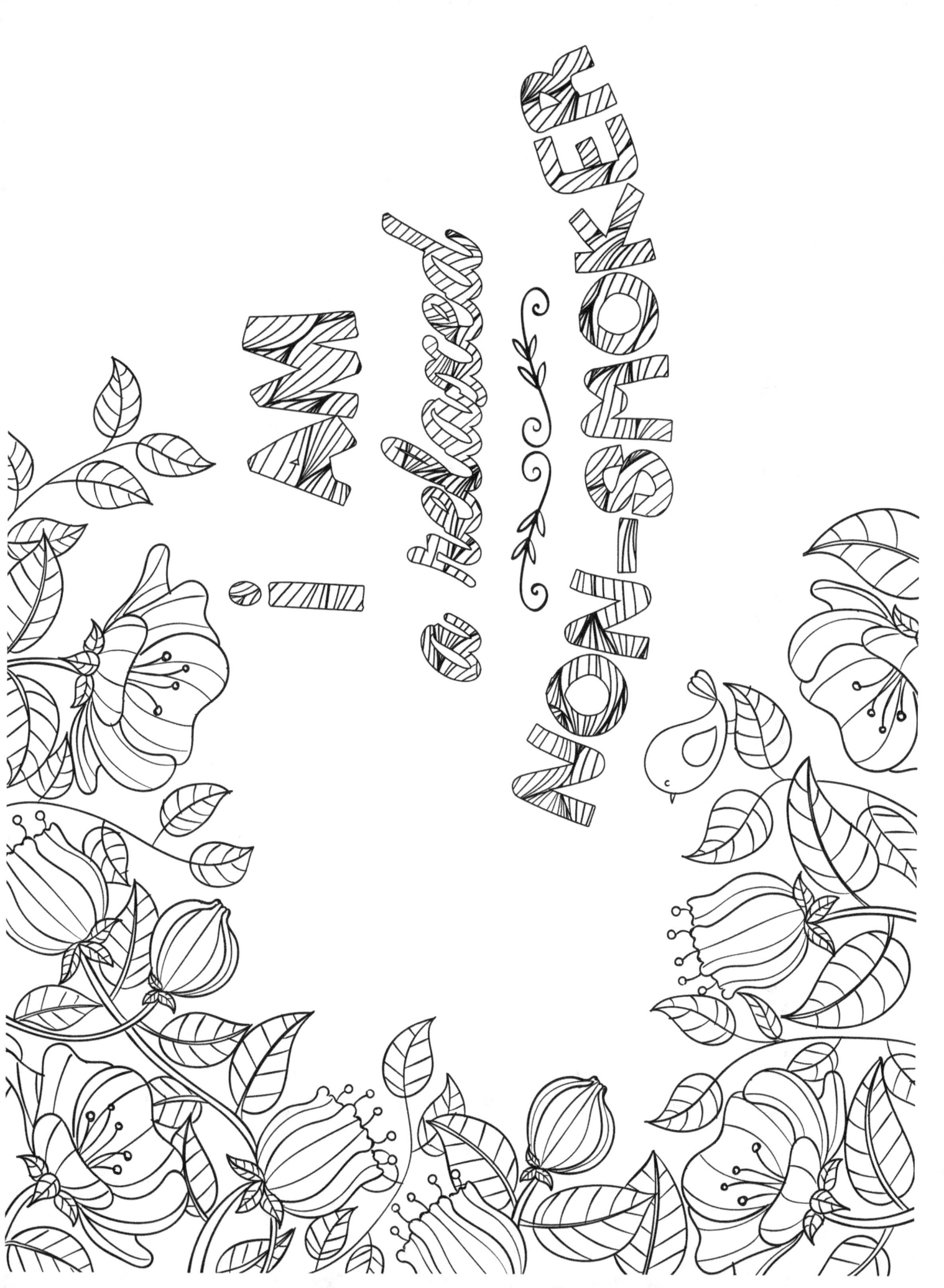

I AM a natural NON-IN-SMOKER

i FEEL HEALTHiER ANd YOUNGER

1-

2-

3-

4-

5-

*USE DIFFERENT COLORS

I FEEL healthier AND YOUNGER BE ENERGY

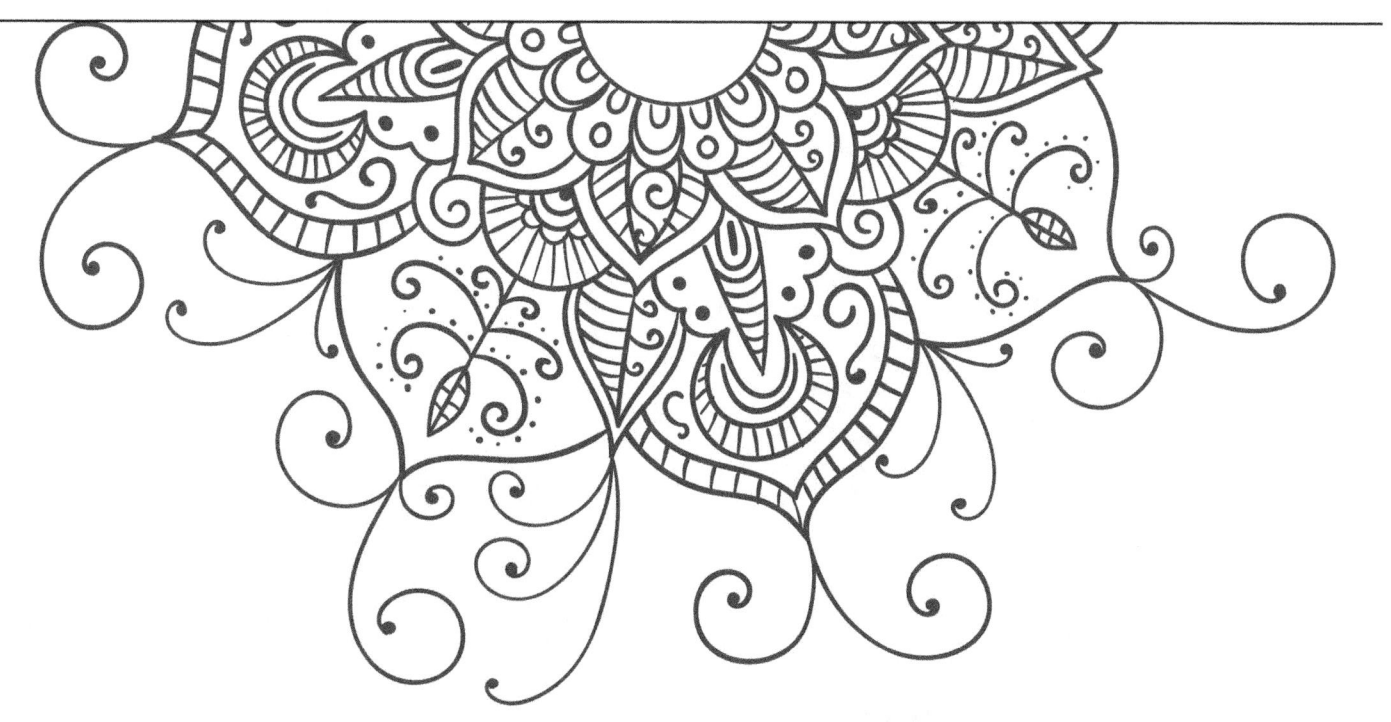